AF563032

LA FESTE DE DIANE,

NOUVELLE ENTRÉE,

AJOUTÉE

AUX FESTES GRECQUES ET ROMAINES,

En Fevrier 1734.

SUJET.

PERIANDRE, Roy de Corinthe, que la Gréce a compté parmy ses Sages, eût le malheur d'inspirer à sa Mere une passion incestueuse; cette Reine coupable, remplit ses vœux, en se supposant elle-même à son Fils pour une prétenduë Maîtresse qu'elle luy avoit fait esperer; les tenebres de la Nuit conserverent l'innocence de PERIANDRE, en favorisant le crime de sa Mere. Dès que ce Prince abusé le découvrit, il le détesta, & cette funeste Avanture fit naître sa haine contre l'Amour. Les charmes & les vertus de MELISSE, Fille du Roy d'EPIDAURE, triompherent enfin d'une aversion si bien fondée, & soûmirent PERIANDRE aux loix de l'Amour & de l'Hymen.

ACTEURS CHANTANTS.

PERIANDRE, *Roy de Corinthe*, Mr. Jeliot.

IDAS, *son Confident*, Mr. Dun.

MELISSE, *Princesse d'*EPIDAURE, Mlle. Pelissier.

CHASSEURS, *Princes Grecs & leur Suite, invitez à la Fête de* DIANE.

ACTEURS DANSANTS.

PEUPLES DE LA GRECE;

Mademoiselle Camargo;

Monsieur Matignon; Mademoiselle Le Breton.

Messieurs Savar, Javilliers-C., Dumay, Dupré.

Mesdemoiselles Durocher, Carville, Petit, Rabon.

La Scene est dans un Bois voisin de la Ville de Corinthe.

LA FESTE DE DIANE,

ENTRÉE, AJOUTÉE

AUX FESTES GRECQUES ET ROMAINES.

Le Theâtre repréſente un Bois, coupé de Ruiſſeaux, & voiſin de la Ville de Corinthe.

SCENE PREMIERE.

PERIANDRE.

Ruiſſeaux, qui diſputez aux volages Zéphirs
Le ſoin de conſerver les fleurs & la verdure,
Coulez; que vôtre doux murmure
Réponde à mes ſoûpirs.

Sur ces bords, l'Objet qui m'engage,
De vôtre Onde en révant, ſuit quelquefois le cours;
Vos Eaux de ſes attraits, ne gardent pas l'image,
Mais, dans mon tendre cœur, elle reſte toûjours;
C'eſt-là qu'elle reçoit un éternel hommage,

Ruiſſeaux, qui diſputez aux volages Zéphirs
Le ſoin de conſerver les fleurs & la verdure,
Coulez; que vôtre doux murmure
Réponde à mes ſoûpirs.

SCENE II.

PERIANDRE, IDAS.

IDAS.

De Diane déja l'on célébre la Fête,
Les Rois & les Heros invitez à nos Jeux,
Vous demandent Seigneur; Vous vous éloignez d'eux;
D'où vient que ſeul icy, Periandre s'arrête?

Dans ce ſolitaire ſéjour
On pourroit croire qu'il ſoûpire,
Si l'on ne ſçavoit pas qu'il déteſte l'Amour.

PERIANDRE.

Ne me parlez jamais de ſon fatal Empire;
Le Barbare a cauſé mes plus affreux malheurs;
Et vous ne pouvez m'en rien dire,
Sans renouveller mes douleurs.

IDAS.

Sur l'Amour il faut ſe taire,
Lorſqu'on ne veut pas aimer:

Quelquefois il ſçait charmer
Le cœur même, où la colere
Contre luy paroît s'armer:

Lorſqu'on ne veut pas aimer,
Sur l'Amour il faut ſe taire.

PERIANDRE.

Claires Ondes, vôtre repos,
De l'indifference eſt l'image:
Il ne faut qu'un moment, pour agiter les Flots;
Pour agiter les Cœurs, en faut-il davantage?

IDAS.

Meliſſe ainſi que vous, n'habite que les Bois,
Et de Diane ſeule y reſpecte les Loix;
Du Dieu de la tendreſſe
Elle fuit la charmante Cour.....

PERIANDRE.

Helas! cette fiere Princeſſe
N'a pas lieu comme moy, d'apréhender l'Amour.

IDAS.

Mais, Seigneur, on diroit que ſa froideur vous bleſſe?

PERIANDRE.

Cette jeune Beauté, des plus parfaits Amants
Rejette les soupirs & méprise les larmes:
Les Dieux donnent-ils tant de charmes,
Pour ne causer que des tourments?

C'est elle que je vois, quel moment favorable!....
Je sçauray mon destin, quel moment redoutable?

SCENE III.

PERIANDRE, MELISSE.

PERIANDRE.

PRincesse, les plaisirs que rassemblent ces Bois
Rempliront tous les vœux de vôtre cœur paisible...

MELISSE.

Le vôtre est-il moins insensible?
Contre l'Amour, contre ses loix
Vous faites éclater une haine invincible....
Aux plus brillants Objets vôtre sincerité,
Cent & cent fois, a repeté
Que l'Amour n'est qu'un esclavage...
Ah! disiez-vous, la seule liberté
Donne des beaux jours sans nuage;
C'est-elle qui des cœurs fait la felicité.

PERIANDRE.

PERIANDRE.

Pourquoy vous ſouvenir d'un diſcours témeraire,
Qui ne s'adreſſoit pas
A vos divins appas?
Quand je fuyois l'Amour, j'éprouvois ſa colere:
Mais, Vous à qui ce Dieu prodigue ſes attraits,
Luy refuſerez-vous le prix de ſes Bienfaits?
On luy doit un Tribut, ſi-tôt que l'on ſçait plaire.

Ah! qui doit plus aimer que vous,
S'il faut aimer autant qu'on eſt aimable?
La tendreſſe la plus durable
Ne peut vous acquitter d'un hommage ſi doux.
Ah! qui doit plus aimer que vous,
S'il faut aimer autant qu'on eſt aimable?

MELISSE.

A ce diſcours, je ne reconnois plus
L'Ennemy du Fils de Venus!

Envain l'Amour prétendroit me ſuprendre;
Qu'il n'eſpere jamais
Me forcer à me rendre:
Plus je luy vois lancer de traits,
Plus il m'apprend à m'en défendre.

De poſſeder mon cœur
Je fais mon bien ſuprême;
Pourquoy reconnoître un Vainqueur,
Lorſqu'on peut regner ſur ſoy-même?

PERIANDRE.

La liberté n'est qu'une vaine erreur.

Quand du Fils de Venus on combat la puissance,
C'est que ce Vainqueur le veut bien.
Le regne de l'indifference
Finit, dès que l'Amour veut commencer le sien.

MELISSE.

Quoy! Vous qui de l'Amour osiez ternir la gloire,
Vous vous declarez son appuy!
De l'avoir outragé, vous perdez la memoire?
Croiray-je vos discours, quand vous parlez pour luy?

PERIANDRE.

Non, je n'ay jamais tant souhaité qu'aujourd'huy
Trouver dans vôtre cœur du penchant à me croire...

Vous entendez mes vœux secrets....
Mes soupirs indiscrets
Ont rompu le silence....
Eh quoy! vous fuyez ma présence?....
Ah! Princesse, un moment daignez vous arrêter.

Cruelle! quel amour voulez-vous éviter?
Un amour timide & sincere...
Un amour qui n'ose écoûter
Le desir le moins téméraire....
Qui tout parfait qu'il est, ne croit pas meriter
Le bonheur de vous plaire....
Cruelle! quel amour voulez-vous éviter?

MELISSE.

Vous juriez de n'offrir jamais de sacrifices
Au Dieu qu'implorent les Amants...
Que vous trahissez de serments !

PERIANDRE.

Et que dans vos beaux yeux j'ay d'aimables complices.

En croirez-vous, helas ! une injuste fierté ?
Jamais pour la Beauté,
L'Amour n'est une offense ;
Voudrez-vous punir la Constance,
Le Respect, la Fidelité....

MELISSE.

J'imitois vôtre indifference....

PERIANDRE.

Que me rappellez-vous ! ah ! je le vois trop bien,
Vous allez condamner le feu qui me dévore....

MELISSE.

Vôtre cœur est encore
Le modelle du mien.

PERIANDRE.

Qu'entens-je ? quel bonheur extrême !
Le transport que je sens ne peut être exprimé...
Quoy ! vous m'aimez ?

MELISSE.

Helas !

PERIANDRE.

Achevez...

MELISSE.

Je vous aime,
Et je vous ay toûjours aimé.

A la Chasse qui vous est chere,
Je pensois donner tous mes soins ;
Mais dans ces Bois je cherchois moins
A me signaler, qu'à vous plaire ;
De la Sœur d'Apollon, croyant suivre la Cour,
Mon cœur de sa défaite, ignoroit le mistere ;
Sous le nom de Diane, il adoroit l'Amour.

PERIANDRE.

Donnez à Corinthe une Reine,
De son Roy dans ce jour daignez faire un Epoux ;
L'Hymen ne risque rien, en serrant nôtre chaîne,
L'Amour ne peut jamais se separer de nous.

ENSEMBLE.

Qu'il appelle toûjours les Graces
Pour lancer ſes traits dans nos cœurs ;
Et que les Plaiſirs ſur ſes traces,
Répandent toûjours leurs douceurs.

On entend un Prélude de Cor qui annonce la Fête.

MELISSE.

On vient, cachons nôtre tendreſſe....

PERIANDRE.

Oubliez-vous que la Déeſſe,
De l'Amour a ſenti les feux?
Nous pouvons chanter ſa puiſſance,
Et mêler ſon Nom dans nos jeux,
Sans que Diane s'en offenſe.

SCENE IV.

PERIANDRE, MELISSE, IDAS, Princes Grecs & leur Suite, invitez à la Fête de DIANE.

CHOEUR.

CHantez Oyseaux, chantez, volez jeunes Zephirs,
Célébrez avec nous Diane & ses plaisirs:
Que le Cor nous seconde,
Que l'Echo nous réponde.

Chantez Oyseaux, chantez, volez jeunes Zephirs,
Célébrez avec nous Diane & ses plaisirs.

On danse.

PERIANDRE.

Regne Amour dans nos Boccages,
Fais voler tes traits sous ces Ombrages,
Tes Conquêtes
Sont des Fêtes
Pour les cœurs
Epris de tes faveurs.

Dans les Bois au travers des Plaines
L'on cherche à fuir le poids de tes chaînes,
Fuite vaine
Qui nous mene
Dans ta Cour
Après un long détour.

Regne Amour dans nos Boccages,
Fais voler tes traits ſous ces Ombrages,
Tes Conquêtes
Sont des Fêtes
Pour les cœurs
Epris de tes faveurs.

Ces aziles
Toûjours tranquiles
Sont faits pour cacher tes biens ſecrets,
Recompenſe,
La Conſtance
Des Amants tendres & diſcrets;
Ne permets la reſiſtance
Que pour augmenter tes attraits.

Regne Amour dans nos Boccages,
Fais voler tes traits ſous ces Ombrages,
Tes Conquêtes
Sont des Fêtes
Pour les cœurs
Epris de tes faveurs.

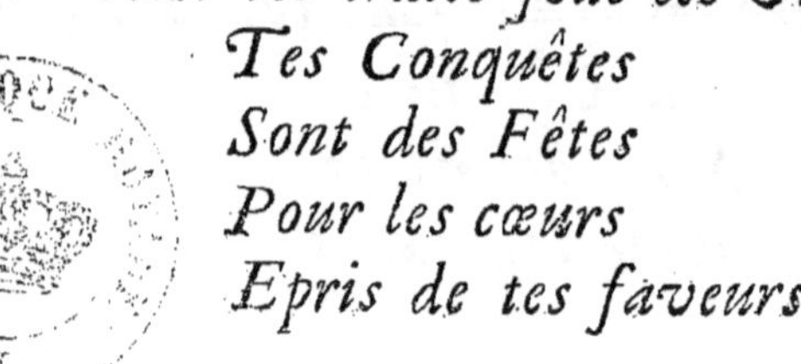

UNE GRECQUE.

Amour, volez dans nos Forêts,
Vous trouverez plus d'un cœur tendre,
Qui, loin d'éviter vos filets,
Viendra de luy-même s'y prendre.
Tout ressent icy vos attraits;
Ne craignez pas sous ces Ombrages
De perdre un seul de vos traits;
On n'y voit point de volages.

CHOEUR.

Chantez, Oyseaux, &c. cy-devant.

FIN.

J'AY lû par Ordre de Monseigneur le Garde des Sceaux, *La Feste de Diane*. A Paris, ce cinquiéme Fevrier mil sept cent trente-quatre. GALLYOT.

DE L'IMPRIMERIE DU MONT-PARNASSE.

M. DCCXXXIV.

www.ingramcontent.com/pod-product-compliance
Lightning Source LLC
LaVergne TN
LVHW010337230826
846091LV00009B/3914

* 9 7 8 2 0 1 1 9 0 5 4 2 0 *